DON BOSCO
VERLAG

Elli Michler

Für leisere Stunden

Gedichte und Gedanken

Don Bosco Verlag

Die Deutsche Bibliothek — CIP-Einheitsaufnahme

Michler, Elli :
Für leisere Stunden: Gedichte und Gedanken / Elli Michler.
— 1. Aufl. — München : Don-Bosco-Verl., 1994
    ISBN 3-7698-0764-2

1. Auflage 1994 / ISBN 3-7698-0764-2
© by Don Bosco Verlag, München
Fotos: Barbara Michler, Heilbronn
Lithos: Rahn Reprotechnik, Nürnberg
Gesamtherstellung: Salesianer Druck, Ensdorf

Der Umwelt zuliebe gedruckt auf chlorfrei gebleichtem Papier.

Inhaltsverzeichnis

Einführung

Nicht nur das Tempo unserer Zeit, sondern auch ihre lautstarke Betriebsamkeit ist es, die uns heute in unserem Alltag vielfach ängstigt und überfordert. Es mangelt uns an der Kraft, die aus der Stille kommt. Zu den allzu lauten Stunden, die uns krank machen, brauchen wir als Gegengewicht die leiseren, weil sie heilen, was jene zu zerstören drohen.

Leisere Stunden, das sind die Stunden der Frühe, in denen der erste Vogel zaghaft singt, bevor der Lärm des Tages erwacht ist, oder die Stunden im Abendlicht nach getaner Arbeit, wenn die Schreie der Geschäftigkeit und der Habgier verstummt sind. Auch jene Stunden sind es, in denen wir nach einem Buch greifen, den Zugang zu einem Gedicht finden, uns in die Betrachtung eines Bildes versenken oder uns für ein vertrautes Gespräch Zeit nehmen. Es sind die Stunden der Träume und Sehnsüchte, der Erwartung und der Hoffnung, aber auch der Einsamkeit und der Trauer. Die Stunden des Abschieds sind es, des Staunens, der Meditation, oft auch der Umkehr.

Ohne die leiseren Stunden würden wir die kleinen, aber wesentlichen Dinge vielleicht gar nicht mehr wahrnehmen. Wir erleben sie auf Spaziergängen durch den Frühlingswald, an einem einsamen Strand beim Untergang der Sonne, auf einer Bergwanderung, wenn wir den Alltag hinter uns gelassen haben, bei einem Gang über die abgeräumten Felder im Herbst oder beim abendlichen Sitzen auf der Bank vor dem Haus.

Solche Stunden helfen uns zur Weiterentwicklung auf dem Weg zur Reife. Sie führen uns zu den in unserem Alltag schon fast verlorengegangenen Werten zurück und lassen uns die Kräfte des Herzens wiederfinden: die Verbundenheit mit der Natur, die Verwurzelung in der Heimat, die Geborgenheit in der Liebe.

Sie sind nötig, damit wir unseren Problemen und Konflikten besser gewachsen sein können. Oft zeigen sie uns ganz neue Perspektiven, die uns aus unseren Lebenskrisen wieder herausführen. Nicht die lauten, sondern die leiseren Stunden sind oft die Wendepunkte im Leben. Sie geben uns die Möglichkeit, eine Situation zu überdenken, ein vorschnelles Urteil zu revidieren und unseren Entscheidungen die prägende Kraft zu verleihen. Sie verhelfen uns zur heiteren Gelassenheit, die wir ersehnen, um den Alltag zu bestehen, und versorgen uns mit jenem Funken von Humor, den wir brauchen, um nicht unterzugehen. Die leiseren Stunden sind die Atempausen, die wir in einer Zeit voller Hektik, Angst und Unruhe so dringend benötigen.

Die im vorliegenden Büchlein gesammelten Gedichte und Gedanken befassen sich nicht nur mit diesem Thema, sie sind auch selbst als Lektüre für solche Stunden gedacht. Es sind durchaus positive Texte des Trostes und der Versöhnung, die zu einer besseren Bewältigung des Lebens ermutigen und durch die behutsam versucht wird, dem Geheimnis der leiseren Stunden – und damit dem Geheimnis des Lebens selbst – auf die Spur zu kommen.

E. M.

Geheimnis des Lebens

Die tausend Gesichter des Lebens
sind offen dir zugeneigt.
Kommt für eines die Zeit des Entschwebens,
so hält sich ein andres bereit,
und keines davon kehrt je wieder,
und niemals bleibt eines dir treu.
Und doch blüht der duftende Flieder
stets wieder im kommenden Mai.
Und doch gibt der Sommer den Feldern
noch immer ein goldnes Gewand
und der Winter das Schneekleid den Wäldern.
So schlingt sich unmerklich ein Band
um die wechselnden Bilder des Reigens
und umgreift deine eigene Hand.
Selbst in der Stunde des Schweigens,
beim Anblick von Sternenlichtern,
bleibst du den tausend Gesichtern
des Lebens verwandt.

Einstimmung in den Tag

Ich warte jeden Morgen beim Erwachen,
so wie das ausgedörrte Gras der Sommerwiese
auf frischen Regen wartet,
auf meine Morgengabe aus dem Paradiese,
auf dein Lachen,
sobald es zaghaft nur
in deinem Mienenspiel erscheint,
halb aus dem Schlafe hergeleitet,
vertrauend schon und noch verträumt.

Wenn sich's um deine Wangen breitet,
um deine Lippen sanft geschwungen,
bin ich beglückt, von Angst befreit,
von deinem Dasein ganz durchdrungen,
für dich zu leben neu bereit.

Verstehen lernen

In wievielen Sprachen versteckt auf der Erden
lebt wohl die Hoffnung, verstanden zu werden?
Vielleicht würde Schlimmes oft gar nicht geschehn,
könnten wir nur alle Sprachen verstehn:

die Rufe der Vögel, Signale der Fische,
das Schnurren der Katzen unter dem Tische,
die Sprache der Blumen, entfaltungsbereit,
verschwiegene Sprache der Zärtlichkeit,

die Sprache der Alten, die Sprache der Kinder –
bei jeder Versöhnung steht Sprache dahinter –
die Sprache als Brücke zur Menschlichkeit,
die garstige Sprache von Mißgunst und Neid,

die mahnende Sprache: der Ruf des Gewissens,
die Sprache der Trauer, des stummen Vermissens,
verschlüsselte Sprache der Einsamkeit,
gemeinsame Sprache des Lebens zu zweit,

die Sprache der Liebe in tausend Gebärden,
der Freundschaft Sprache im Bund mit Gefährten,
die Sprache des Malers, dem Bild eingeprägt,
und die der Musik, die die Seele bewegt,

die Sprache der Augen, die Sprache der Hände –
noch nirgends verzeichnet, in keinem der Bände,
in denen die Sprachen der Welt aufgeschrieben.
Willst du sie lernen, so hilft dir nur: Üben!

In der Frühe

Der Morgenvogel hebt an zu singen,
ganz leise aus dämmerndem Traum,
das Eichhörnchen übt sich
schon munter im Springen
im alten Kastanienbaum.

Du dehnst deine Glieder
und spürst, das tut gut.
Der Geist regt sich wieder,
und warm wird dein Blut.

Du reibst dir die Augen,
schaust zum Fenster hinaus.
Mochte der gestrige Tag auch nichts taugen,
vielleicht wird am heutigen etwas daraus!

Am offenen Fenster

Es gibt kaum eine lohnendere Übung,
als eine Weile an einem offenen Fenster zu stehen:
Irgendeinen Ausblick,
irgendeine Möglichkeit,
etwas zu betrachten, zu vergleichen,
zu bemerken, zu erkennen,
zu empfinden, zu erhoffen,
irgendeine Aussicht auf Zukunft
gibt es doch immer.

Auf der Suche nach dem verlorenen Paradies

Das verlorene Paradies unserer Kindheit,
an das wir bisweilen mit Wehmut zurückdenken,
besteht nicht nur aus einem bestimmten Landstrich,
aus einem Garten mit Apfelbäumen,
aus einem altvertrauten Haus mit Vater und Mutter.
Es ist vielmehr der Inbegriff
für unsere verlorengegangene Unbefangenheit,
für unser gläubiges Vertrauen,
für unsere unerschöpfliche Phantasie,
für unseren ungestillten Hunger nach Wissen,
für die Neugier auf die Zusammenhänge des Lebens,
für das Fehlen von Vorbehalten und Zweifeln,
für unsere ungebändige Lust am Dasein,
für die wunderbare Offenheit und Bereitschaft,
alle Schwierigkeiten der Welt
im Spiel zu meistern.

In dieses Paradies führt zwar kein Weg zurück,
aber wir sollten nie aufhören,
uns in der Fähigkeit zu üben,
wo immer es möglich ist, ein wenig davon
in unser Erwachsensein hinüberzuretten.

Am Aschermittwochmorgen

Gestern noch haben wir keine Gründe
für unser Lachen gebraucht.-
Wie schnell ist im Februar-Winde
der lärmende Trubel verraucht!

Sie haben ihn um Mitternacht begraben
am Schluß vom Maskenball,
den trunknen alten Knaben,
den wilden Karneval.

Die Trommeln und die Pfeifen,
voran der Schellenbaum,
noch gestern nah zum Greifen –
verrauscht, verblaßt zum Traum.

Das Spiel, das allen Spaß gemacht,
ist plötzlich aus, vergangen.
Der letzte rote Luftballon
hat sich im Baum verfangen.

Und vor des Hinterhofes dunklen Stiegen
sieht man die leergetrunkne Branntweinflasche
wie einen abgestürzten Vogel liegen:
Ein Bild, so trist wie graue Asche.

Der Clown steht am Laternenpfahl
und spielt verträumt die Mundharmonika.
Die Fastnacht, ach, sie war einmal!
Ein Scherz, ein Spaß, Allotria.

Erspar dir, Clown, die Abschieds-Träne,
laß dir das Lachen nicht vergehn!
Das Laute ist auf Dauer nicht das Schöne.
Was bleibt, sind stets die leisen Töne.
Es fällt nur schwer, dies einzusehn.

Einbezogen

Sieh, wie die Vögel die Flügel erheben,
wie die Gräser zittern, die Blätter beben,
schau, wie die Nebel steigen und fallen,
wie die Wetterwolken zusammenprallen,
wie im Winde die Ähren des Weizenfelds wogen,
wie die Mücken tanzen, die Tauben schweben,
dann spürst du: Dies alles ist einbezogen
in das geheime Gesetz: Bewegung ist Leben.
Erlaubst du dem Herzen die leiseste Regung
und läßt du den Geist sich in Freiheit erheben,
so gibst du dem göttlichen Spiel
eine menschliche Prägung.

Besondere Kunst

Die dunklen Tage
sind zu nichts anderem nütze,
als daß wir die hellen durch sie
erst in ihrem Wert zu schätzen lernen.
Sobald wir in dieser Übung
ein wenig fortgeschritten sind,
können wahre Künstler aus uns werden,
denen die allerschönsten Schattenrisse gelingen,
nicht nur uns selbst, sondern auch anderen
zur Freude.

Lob der Kreativität

Der Funke, den man göttlich nennt,
verlangt in dir zu brennen,
entwickelst du nur dein Talent
und dein geheimes Können.

Ob du malst oder schreibst oder werkst mit dem Ton
oder ziehst auf dem Rosenbeete
eine außergewöhnliche Kreation,
ob du schöpferisch handhabst die Küchengeräte,

ob du ritzt oder schnitzt oder häkelst und strickst,
den Papierdrachen baust und ihn schenkst deinem Sohn,
ob du fotografierst und mit Leidenschaft klickst,
wenn die Farben dich locken von Tulpen und Mohn,

ob du singst, deklamierst, musizierst oder tanzt,
du vergißt dabei jede Beschwerde.
Du fühlst und du merkst, wer du bist, was du kannst,
und empfindest nicht Raum und nicht Zeit dieser Erde.

Dein Leben erstrahlt wie ein blühender Baum,
und es zählen nicht mehr deine Jahre,
erfüllst du dir selbst deinen eigenen Traum.
Es zählt nur das wunderbare

Gefühl vom erweiterten, glückhaften Sein,
indem du verwirklichst, was tief in dir schlief.
Laß dich nur ganz auf die Schaffenslust ein,
scheu nicht das Wagnis: Sei kreativ!

Nur ein Zeichen

Das gesprochene Wort treibt im Wind, darf nicht bleiben.
Welch ein Glück, daß es möglich ist, Briefe zu schreiben!
Was geschrieben steht, gilt, es verdeutlicht dein Wesen.
Was du denkst, was du fühlst, kann der andere lesen.

Was du niemals gewagt, mit dem Mund zu gestehn,
wenn du's schreiben darfst, wird es viel leichter geschehn.
Du darfst fragen, erläutern, erwähnen, berichten
und von all ihren Seiten die Dinge belichten.

Was zu hart ist im Ton, kannst du dämpfen und mindern
und durch Feilen und Glätten den Mißklang verhindern;
was offen ist, klären, die Zweifel zerstreun,
deinem Nächsten versichern, ihm hilfreich zu sein.

Wenn du willst, kannst du schreiben, es tue dir leid,
was dir einmal passiert ist in früherer Zeit.
Dabei hilft dir die Feder, sie prägt's in Papier.
Denn wer sagt das schon gerne: „Verzeihst du es mir?"

Vielleicht kannst du des Freundes Gesundheit erfragen,
dich erkundigen, wie's mit Beschwernissen steht –
und anstatt nur das eigene Leid zu beklagen,
lieber andere trösten, daß es wieder vergeht.

Vielleicht liegt dir daran, nur ein Zeichen zu geben,
falls es irgendein Echo noch irgendwo gibt,
während zwischen den Zeilen die Sehnsüchte schweben,
aus der Antwort zu hören, du wirst noch geliebt.

Oster-Segen

Gott spricht sein „Es werde"
erneuernd zur Erde.
Er sagt es zu dir und zu mir.
Und was er den Feldern und Fluren gewährte,
die Auferstehung in blühender Zier,
das schickt er als Heilender aller Beschwerde
zu Ostern an jede sich öffnende Tür.

Bekehrung

Als ich unzufrieden werden wollte
über die nachlassende Kraft meiner Augen,
begegnete ich einem Blinden.

Als ich zu jammern begann,
weil der Fuß mich schmerzte,
fuhr ein Mann ohne Beine
in einem Rollstuhl an mir vorüber.

Als ich Klage erhob über mein Alter,
hörte ich von einer Frau,
die schon in jungen Jahren sterben mußte.

Und als ich jene, denen es besser zu gehen
schien als mir, um ihren Reichtum beneidete,
bat mich ein Bettler am Rande der Straße
um Linderung seiner Not.

Da ging ich hinein in das Gotteshaus,
mischte mich still unter jene,
die nur um zu bitten gekommen waren,
und stellte zufrieden und dankbar die Frage:
Herr, womit habe ich all deine Güte verdient?

Im Wartestand

Blumen warten auf Regen,
die Kinder auf Weihnachten,
die Verzagten auf Sonne,
die Hoffnungsvollen auf ein Wunder,
die Einsamen auf Liebe.

Wo immer wir eines Wartenden gewahr werden
und es uns gelingt, ihn von seiner
Geduldsübung zu erlösen,
haben wir eine Chance genutzt,
unseren eigenen Wartestand zu verkürzen.

Menschliche Anmaßung

Wenn du das Eichhörnchen nach dem Grund
für seine eifrige Geschäftigkeit fragst
und es antwortet dir:
„Auf meinen Schultern ruht die Welt!“,
dann wirst du vermutlich
nur milde lächeln.
Zur Begründung deiner eigenen Unrast aber
nimmst du diese Erklärung
ohne jeden Zweifel in Anspruch,
als könnte es nicht möglich sein,
daß sich auch über dich selber
ein Lächeln zeigt aus größerer Höhe.

Pfingstrose

Ein Hauch von Rot, so zart wie Puder aufgelegt
aufs Blütenhaupt, das sie in stolzer Neigung trägt,
als würde sie wie die, die vor ihr kamen,
nicht auch vom Wind hinweggefegt:
ein Märchenbild in grünem Rahmen.

Ganz eingehüllt in rote Seide,
darf sie als Königin im Garten stehn,
des Sommeranfangs Augenweide,
und wer sie sieht, so strahlend schön,
Verkörperung der Daseinsfreude,
dem wird sein Trübsinn schnell vergehn.

Sein Geist, weit weg vom Erdenleide,
nimmt teil am pfingstlichen Geschehn.

Ich wünsche dir Kraft

Wenn all meine Wünsche vergeblich sind,
dann bleibt nur noch einer zu sagen:
Ich weiß, du stehst mitten im Lebenswind –
ich wünsche dir Kraft zum Ertragen.

Ich wünsche dir Kraft aus der eigenen Mitte,
um Halt zu verleihen dem unsichren Schritte.
Und wo es dir schwerfällt, dich zu entscheiden,
mögen dich all deine Kräfte begleiten.

Ich wünsche dir Kraft, um dich selbst zu entfalten,
deine Stärke den Ängsten entgegenzuhalten.
Ich wünsch', daß die Hoffnung nie fort von dir geht,
nur weil keine Kraft mehr dahintersteht.

Ich wünsche dir Kraft, die in den Stand dich versetzt,
wieder heilen zu lassen, was dich verletzt.
Ich wünsche dir Kraft, die dir Sicherheit gibt
aus dem niemals versiegenden Strom jener Kraft
eines Menschen, der liebt.

Gedanken des Trostes

Wenn du in einer stillen Stunde
die Vergangenheit überdenkst,
so sind im Vergleich zur Gegenwart
mancherlei Veränderungen zu bemerken:
Fortschritte wurden gemacht,
Rückschritte zeichnen sich ab,
Menschenschicksale haben einen anderen Lauf
genommen.

Aber dies alles
sollte dich nicht zu sehr verwirren oder betrüben.
Die Welt hat sich nicht viel verändert.
Genau so wie einst sitzen noch immer die Amseln
in den Apfelbäumen und singen ihr Lied.

Welch ein Trost,
daß die gewaltsamsten Bewegungen der Welt,
die Kriege und Revolutionen,
am Ende überdauert werden
durch die sanfte Bewegung
eines Kornfelds, sich wiegend im Sommerwind.

Aufzeichnung aus dem Lebensbuch

Das Buch des Lebens,
an dem ich Tag für Tag
mit meinem Blute schreibe,
es kommt mit jeder Seite gut voran.
Ich muß nur sehn, daß ich nicht steckenbleibe,
wenn sich ereignet, was man kaum beschreiben kann.
Zum Beispiel plötzlich unsagbare Freude,
daß mich ein Gott ins Leben rief
und mich erfahren läßt trotz manchem Leide
des Lebens Atem, frei und tief.

Auf eine Rose

Wäre sie Knospe geblieben,
wüßte sie nicht, wie Entfaltung befreit.
Mit all ihren Trieben
ist sie dem Lockruf des Lebens erlegen.
Zum Licht hin geöffnet, bleibt sie zugegen
im blühenden Garten für ihre Zeit:
von einer Mauer gestützt,
von einer Hand berührt,
von einem Zaun geschützt –
von einem Traum entführt,
es könnte ihr Blühen in Ewigkeit dauern,
kein Welken gäb' es, kein Trauern.

Als Gegengewicht gegen menschliches Leid
hat Gott sie ersonnen als Möglichkeit,
zu überbrücken die Kluft
zwischen Dornen und Duft,
zwischen Erdenschwere und Leichtigkeit.

Was der Rose gelingt, ist ein Leben in Fülle,
ein Leben voll Sinn, genährt aus der Stille,
das zu erstreben die Rettung wäre
auch für uns aus der Not und Gefahr unsrer Zeit,
die verarmt und bedroht ist von innerer Leere.

Noch ist die Rose zum Blühen bereit.

Springbrunnen-Spiel

Unter den Liedern der Dichter
zum Lobe der Brunnen
möge erklingen auch meines,
welches der Herrlichkeit rauschender Wasser
mehr als des Weines gesungen.

Welch ein lebendiger Geist
entspringt eurem Schoße, ihr schäumenden Brunnen,
die ihr mir spiegelt mein Ich!
So wie es keinem der Wesen je glich,
gleicht es dem euren,
von treibenden Kräften durchdrungen.

Im Steigen und Stürzen
in kurzen Prozessen,
in tanzender, lustvoller Freude,
im Sinken zurück in das Perlengebäude
läßt sich das Sinnbild des Lebens ermessen.

Die ihr mich lehrt, niemals müde zu werden,
selbst in der Nacht durch geheimes Geflüster,
ihr seligen Brunnengeschwister,
treibt euer Spiel als das schönste auf Erden!

Sommerabend

Die Schwalben wie die Pfeile fliegen,
als wär' es nicht mehr lang so frei erlaubt.
Die Nachtmaschine wird sie bald besiegen,
die sich ins Dämmerlicht des Himmels schraubt.

Ich seh' hinauf bis zu den ersten Sternen,
die Stirn von milder Luft umweht,
und geh' ins Haus, bereit zu lernen,
wie schnell ein Sommertag vergeht.

Verschiedene Gewichte

Nicht das Schwere ist es, das Namenlose,
was uns erdrückt,
denn der Mensch vermag
eine ganze Menge davon zu ertragen,
sondern das Schwierige, gar nicht mal Große,
das uns das Maß füllt
an täglichem Unbehagen,
das uns zu schaffen macht,
aufreibt, mißglückt.
Vielleicht ist es nötig,
daß wir öfter einmal
dies zu uns selber sagen.

Ein Windhauch nur

Wer greift voller Kraft in die Windmühlenflügel,
wer schaukelt die Schiffe im Hafen umher
und streicht um die einsamsten Dünenhügel?
Der Wind als des Meeres Gefährte von alters her

läßt gleiten die Segel, treibt Boote hinaus
und rüttelt an Pfosten und Planken.
Sein Poltern und Pfeifen bringt Unruh' ins Haus,
und die Masten beginnen zu schwanken.

Klabautermann liebt ihn und jeder Matrose,
der abends sein Seemannsgarn spinnt.
Nur das zarte Köpfchen der Friesenrose
bittet um Gnade den Wind.
Es flüstert ihm zu, daß die wichtigsten Dinge
nicht die lautesten, sondern die leiseren sind.

Er hat es vernommen und geht darauf ein,
läßt kaum eine Stunde vergehn,
er bändigt die Kräfte und macht sich ganz klein,
um am Windrädchen-Glück eines Kindes zu drehn:
Ein Hauch nur genügt dort, wo Wunder geschehn.
Es muß nicht die Stärke des Sturmwindes sein!

Atemholen

Du stößt an Grenzen, fühlst die Strenge,
sobald sich deine Kraft verbraucht.
Und doch hat Gott auch deiner Enge
des Lebens Atem eingehaucht.

Du gibst ihn ab und nimmst ihn auf,
daß immer neu die Brust sich weitet.
Ein Wunderwerk nimmt seinen Lauf,
von dem dein Leben abgeleitet.

Macht dich der Tag auch atemlos,
läßt dich die Nacht nach Atem ringen,
geschieht das Atmen doch nicht bloß,
um Luft in dich hineinzuschlingen.

In jedes Menschen Atemzügen
versucht des Himmels Leichtigkeit
die Erdenschwere zu besiegen.
Das löst die Seele, macht sie weit.

Und wollen Hast und Schnelligkeit
dir auch die Kräfte lähmen,
so laß dir nur das bißchen Zeit
zum Atemholen niemals nehmen!

Zurück zu den Wurzeln

Wo sind die Wurzeln unserer Kraft?
Immer werden sie dort zu finden sein,
wo wir zu Hause sind.
Und wo sind wir zu Hause?
Nicht nur in einem Land, an einem Ort,
in einer Straße, in einem Haus.
Wir sind zu Hause in einer Arie von Mozart,
in einem Streichquartett von Haydn,
in einem Gedicht von Rilke,
in einem Abendgebet, das wir als Kind
von der Mutter gelernt haben,
in der Erinnerung an eine Reise
in das Land unserer Sehnsucht,
im Herzen eines Freundes,
in der Seele und in den Gedanken derer,
die wir lieben.
Hier sind die Wurzeln unserer Kraft.

Trost

Nicht jeder Baum steht kerzengrade,
so mancher wächst auch krumm und schief.
Und doch: Gott war sich nicht zu schade,
daß er auch ihn ins Leben rief.

Er weiß um all die Mühen,
die hart und ehrlich sind:
Er schenkt auch ihm ein Blühen
und festen Stand im Wind.

Dennoch

Alle Wege, die ich gehe,
geh' ich in den alten Spuren.
Neue Wege gibt's nicht mehr.
Dennoch geben mir die Uhren
gnädig neue Stunden her.

In der Zeiten Wiederholung
spiegelt sich, was einst begann.
Zwischen Müdesein und Schonung
spornt der Geist mich dennoch an.

Mit geziemendem Abstand

Ich fühle mich wie aufgestiegen
aufs Trittbrett eines Karussells.
Ich sehe, wie die andern fliegen –
und wundre mich ob ihres Naturells.

Ich hör' sie schreien, lachen, rufen.
Es schwindelt mir. Ich fühl' mich schlecht.
Wir stehen nicht auf gleichen Stufen.
Mir scheint ihr Glück oft gar nicht echt.

Doch keine Angst, ich will sie nicht verachten.
Kann sein, sie können nichts dafür.
Ich muß nur manchmal staunend sie betrachten.
Dann schließ' ich leise hinter mir die Tür.

Im Abendlicht

Zur Stunde, die der Dämmerung erlaubt,
mit sanftem Schattenspiel
sich Turm und Dächern anzuschmiegen,
bedarf es in den Straßen keiner Eile mehr.
Und alle Tag-Gedanken wiegen
auf einmal nicht mehr schwer.

Daß bald die Nacht das Licht verdrängt
und daß der Vogel nicht mehr singt,
darf dich nicht traurig stimmen.
Sieh dir den Mond an, dem's gelingt,
durchs Wolkenloch hindurchzuschwimmen.

Das Unruhvolle laß getrost beiseite
und schließe Frieden
mit dir selber vor der Nacht.
Es darf dein Schiff mit seiner schweren Fracht
im stillen Hafen wohlgeborgen liegen.
Bis morgen früh bleibt alles Laute leise.

Kleines Gebet

Schenke mir Stärke, o Herr,
doch wenn es möglich ist,
laß mein Starksein
niemals mit Härte einhergehen!

Übereinstimmung

Wenn du einem Baum in die Seele schauen willst,
so betrachte ihn nicht nur im Frühling. Denn dann
siehst du sein Bild in der überschwenglichen Blüte,
die dich verführt, an ihre Dauer zu glauben.
Betrachte ihn nicht nur im Sommer und auch nicht nur
im Herbst. Denn dann versteckt er sich unter der
Macht seiner Krone oder schmückt sich mit der Pracht
seines farbigen Laubs.
Betrachte ihn im Winter, noch bevor es geschneit hat.
Betrachte ihn in all seiner Nacktheit, wenn er nichts
anderes ist als er selbst. Sieh ihn an, wie er seine
mächtigen Arme ausstreckt, wie er sich reckt bis in die
fingrigen Spitzen seiner gegabelten Äste und Zweige
hinein, tiefschwarz und leuchtend die Rinde vor dem
Hintergrund des blauen Himmels.
Und du erkennst seine Kraft, sein Ausgeliefertsein,
sein Streben nach oben, seine Ausdauer, seinen Mut,
seine Hoffnung, seinen tapferen Willen, standhaft
zu bleiben: seine tiefe Verwandtschaft mit dir selbst.

Wenn ich dir sage...

Wenn ich dir sage,
daß dich des Winters Verharren im Schweigen
ängstigen wird,
weil sich keine Blätter und Blumen mehr zeigen,
weil die verlängerten Nächte die kostbaren Tage
um ihre leuchtenden Stunden berauben,
und Nebel umhüllen dich, düster und schwer,
wagst du dann noch, an den Frühling zu glauben?
Ja, daran glaub' ich trotz aller Beschwer.

Wenn ich dir sage,
ich möchte dich lehren, die Menschen zu kennen,
wie sie, im Innern so öde und leer,
nur nach der Macht und dem Gelde stets rennen
und einer fällt über den anderen her,
wirst du an Menschlichkeit glauben können?
Ja, daran glaube ich, fällt es auch schwer.

Wenn ich dir sage,
daß alle die Schwüre der Liebe nichts taugen,
weil sie nur Worte sind ohne Gewähr,
vermagst du dann noch an die Liebe zu glauben,
selbstlos und ohne Begehr?
Ja, daran glaube ich,
steht mir die Liebe doch leuchtend vor Augen
so wie die Sonne, die eintaucht ins Meer.

Wenn ich dir sage,
die Menschen treiben
mit allem, was heilig ist, nur ihren Spott,

kannst du dann immer noch unbeirrt bleiben,
glaubst du noch immer an Gott?
Ja, an ihn glaube ich fest und entschieden,
wenn ich nur stets mit mir selber in Frieden
lebe – entgegen dem arglosen Trott.

Tröstliche Überlegung

Versuchst du zum Schluß,
all die Jahre zusammenzufassen,
die die Liebe geprägt hat:
Warum ihnen gram sein,
weil sie dich alt werden lassen?

Verliert unsre menschliche Hoffnung an Stärke,
so geht doch ihr göttlicher Bruder, der Trost,
mit seinen mächtigen Kräften zu Werke:

Des Frühlings Stürme
vermögen dich nicht mehr zu schrecken;
die Farben des Sommers
von Jahr zu Jahr neu zu entdecken
war dir so oft schon vergönnt.
Ist es so schlimm,
daß die Leidenschaft nicht mehr so brennt?
Und bist du vielleicht
nicht mehr ganz so spontan –
zu vieles liegt lange schon hinter dir,
so wirft dich das Leben dafür
auch nicht mehr so schnell aus der Bahn.

Hört doch dein Ohr jetzt auf einmal ganz fein
bis tief ins Geheimnis der Dinge hinein,
und dein Auge durchdringt alles äußre Geschehn.
Damit wächst dein Gefühl für das Wesentlichsein:
Du kannst alles verstehn und vieles verzeihn.

Aufgeben ist keine Lösung

Ich danke dir, Herr,
daß du mich durch die lange Nacht
wieder in den beginnenden Tag geführt hast.
Ich habe deine Stimme gehört:
Aufgeben ist keine Lösung.
Ich danke dir auch für die Krankheit.
Denn das Leid ist ein besserer Lehrmeister,
als das uneingeschränkte Wohlergehen
es jemals sein kann.
Ich weiß jetzt, wie schwer es ist,
zu leben ohne die Kraft.

Ich danke dir für stärkende Nahrung und Trank,
für heilende Medikamente,
für verantwortungsbewußte Ärzte
und für Zuwendung durch fürsorgliche Pflege.
Aufgeben ist keine Lösung.
Laß mich sammeln in Freude die Kraft.

Ich danke dir, daß ich geliebt werde
und selbst lieben darf
und es sich deshalb lohnt, weiterzuleben.
Ich danke dir, daß du mir
nur soviel aufbürdest, wie ich tragen kann,
und daß es Menschen gibt, die versuchen,
mir die Last zu erleichtern.
Voll von Willen bin ich und voller Geduld.
Laß mich sammeln in Freude die Kraft,
meine schwach gewordenen Füße
auf die Erde zu stellen,
meine verlorene Sicherheit wiederzugewinnen

und fest an die Zukunft zu glauben
in der Hoffnung auf das Geschenk
der Erneuerung der Freude
am Dasein.

Unterschied

In jungen Jahren
sucht der Mensch den Streit.
Doch später,
da versteht er – und verzeiht.
Braucht auch der Unterschied,
der zwischen beiden menschlichen Gebaren
besteht, ein wenig Zeit,
so wie das Wachsen von erst blonden
und dann grauen Haaren:
Am Ende ist er himmelweit
und schließt mit etwas Wunderbarem.

Lebenserfahrung

Als der Jugend schöne Träume
hoch am Morgenhimmel hingen,
mich begleitend durch den blütenreichen Mai,
war in all den zauberhaften Dingen
noch das eine nicht dabei:
fehlte allem Welt-Durchschweifen
noch der eigentliche Sinn,
dem ich herbstlich erst im Reifen
auf die Spur gekommen bin.
Erfüllt war ich als Kind von tausend Fragen,
lief jeder Antwort hinterher.
Doch heute möcht' ich's fast beklagen:
Ich weiß zuviel.
Und das zu tragen fällt oft schwer.

Novembertag

Novembertag: Die Zeit durch Lesen überwinden,
dem Geist den Spielraum schaffen, der verlorenging,
sich an den Zauber fremder Welten binden,
weil man zu sehr nur an der eignen hing.

Den langen Abend für die Bücher übrig haben,
in alten Schriften schürfen nach verborgnem Sinn,
sich ganz ins Wesentliche nur vergraben
und dort recht lang verweilen dürfen,
fast bis zum Nebelmorgen hin.

Novembertag: Nicht nur ein grauer Tag zum Grämen,
an dem die Zeit oft ganz umsonst verrinnt,
ein Tag, an dem wir Trost empfangen für die Tränen
und uns geborgen fühlen dürfen wie als Kind.

Wo lebt die Hoffnung?

Nicht in der überschäumenden Jugend,
die mit der Fülle von Kraft und Freiheit
noch nicht so recht weiß, wohin,
lebt die Hoffnung,
auch nicht im fröhlichen Lachen des Kindes,
das noch nichts ahnt von den Leiden der Welt.

Dort aber, wo man mit welkenden Händen,
mit zittrigen Fingern
nach einem Stück Brot greift,
wo man mit halbtauben Ohren versucht,
das tröstende Wort eines Menschen aufzuspüren
inmitten der Einsamkeit,
wo man trotz Elend und Schwäche
den Fuß aus dem Bett setzt
und sich überwindet, sich das Gesicht zu waschen,
sich anzukleiden,
den Becher mit Tee zum Munde zu führen,
dort lebt sie in Wahrheit – die Hoffnung.

Die beiden Gesichter des Alters

Nichts ist erschütternder
als das vom Leben verbrauchte,
enttäuschte, zermürbte, vergrämte,
einstiger Reize beraubte
Gesicht eines vom Alter gezeichneten Menschen.

Gleichzeitig aber gibt es
kaum etwas Schöneres, Tröstlicheres
als die leuchtenden Augen,
das tapfere Lächeln,
die geheimnisvolle Anmut
trotz aller Runzeln und Falten
in einem Gesicht voller Würde des Alters,
das heißt voller Güte, Weisheit,
Selbstsicherheit und Stärke,
voller Liebreiz und Charme.

Vergleich

So wie es keine Landschaft gibt,
deren Schönheit sich schon
in einer einzigen Jahreszeit erschöpft,
so gibt es auch keinen Menschen,
dessen Leben nur in der Jugend
reizvoll und lebenswert wäre.
Die blühende Pracht eines Baumes
vermag uns in gleicher Weise zu faszinieren
wie seine schneebedeckte Krone,
die die Wintersonne zum Glitzern bringt.

Nachruf auf den Schein einer Lampe

Ein Licht ist ausgegangen
in meines Nachbarn Haus.
An seinem Schein gehangen
hab' ich jahrein, jahraus.

Einst hat es mir bewiesen,
daß noch ein andrer mit mir wacht,
und Not und Angst entließen
mich nicht verloren in die Nacht.

Es war ein stilles Zeichen,
daß ich im Dunkeln nicht allein.
Nun muß die Nacht verstreichen
ganz ohne seinen Schein.

So wie es Trost gewährte
mir einst, das kleine Licht,
so bleibt es mir Gefährte
auch noch als Traumgesicht.

Im Wandel der Zeit

Der erste Kummer, deiner Kindheit Weh,
er traf dich, als du Schlitten fahren wolltest,
und es fiel kein Schnee.

Der zweite Kummer,
der schon sehr viel tiefer ging,
kam, als dein Herz zum ersten Male Feuer fing.

Es stieg die Zahl der Kümmernisse
fortan sehr schnell ins Ungewisse.
Du lerntest Kummer zu erleiden
durch Unglück, Krankheit, manche Not,
und langsam wurdest du bescheiden.

Doch jetzt verspricht das Abendrot
dir den verdienten Schlummer.
Der Winter rückt schon langsam in die Näh'. –
Ein kleiner Seufzer noch, dein letzter Kummer:
Ach, hoffentlich fällt nicht zu bald schon Schnee!

Fabel vom fallenden Blatt

Im Herbst, als schon viel buntes Laub zur Erde gefallen war, hing hoch oben im Baum noch eines der letzten Blätter. Der Wind, der an ihm rüttelte und zerrte, sprach zu ihm: „Warum wehrst Du Dich, Du törichtes Blatt, einmal muß es ja doch sein!"

Aber das Blatt, obwohl es bereits unendlich müde war und keine rechte Freude mehr am Leben hatte, nahm alle seine Kräfte zusammen und widerstand.

Da belohnte es der Herbst auf wunderbare Weise:

Es durfte noch eine lange Zeit hindurch jeden Tag die Sonne sehen und jede Nacht die Sterne. Es konnte noch mit einem Vogel Freundschaft schließen, der oft neben ihm auf dem Ast saß. Und den fast entlaubten Baum durfte es immer noch ein wenig in seiner Einsamkeit trösten.

Schließlich begab es sich ganz aus freiem Willen und voller Zufriedenheit an einem der schönsten Herbsttage unter klar-blauem Himmel auf die Reise hinab zur Erde. Es schwebte mehr als es fiel. Und während seines Hinabgleitens – wie in einem traumhaft heiteren Tanz – rief es dem verlassenen Ast, mit dem es sein Leben lang eng verbunden gewesen war, noch ein dankbares Lebewohl zu, von der Gewißheit erfüllt: Es hat sich gelohnt, nicht zu früh aufzugeben!

Vor Einbruch der Dunkelheit

Von den lauten zu den leisen Stunden,
die die Jugend kaum begehrt,
hat schon mancher leidbeschwert
abends müde heimgefunden.

Und die Wellen, die einst schlugen
hoch, vom Sturm bewegt,
haben sich zur Ruh' gelegt
samt dem Schifflein, das sie trugen.

Hinter Hügeln, die die Ufer säumen,
hält die Nacht sich noch zurück,
bleibt noch Zeit genug, dem Glück
heller Tage nachzuträumen.

Mit dem Engel zur Seite

Der Mangel an Freude ist ein Verlust an Kraft.
Mit dem Engel zur Seite
hast du's noch immer geschafft.
Geh mit dem Willen, über die Hürden zu springen,
geh mit dem Lachen, geh mit dem Singen!
Geh mit dem Leid nicht zu lange auf Wanderschaft.
Und siehe: Dein Leben wird leichter gelingen.
Geh mit der Kraft nur getrost zu Werke,
mach sie von neuem dir wieder zu eigen!
Wenn du sie schöpfst aus zufriedenem Schweigen,
wandelt sich menschliche Schwäche in Stärke.
Laß dir vom lächelnden Engel zeigen
den Weg zur erquickenden Quelle der Stille.
Jenseits der Angst entspringt sie
als Gottes allmächtiger Wille:
die Kraft, wenn du fürchtest, am Schluß zu versagen,
die dich stützt und dir hilft, alle Nöte zu tragen,
die Kraft aus dem Glauben, der Liebe, der Zuversicht,
erlösende Kraft aus der Weisheit, der Wärme, dem Licht,
die im Mut dich bestärkt, immer wieder von neuem
dein Leben zu wagen.
Diese Kraft lassen Engel gedeihen.

Die erfolgreichen Gedichtbücher von Elli Michler!

Dir zugedacht

Wunschgedichte

Gute Wünsche in frischem Stil! Ideal zu Geburts- und Namenstag, Jubiläum, als Besuchsgeschenk, für Gesunde und Kranke.

10. Aufl., 56 Seiten, 6 Farbfotos, Pappband, ISBN 3-7698-0625-5

Im Vertrauen zu dir

Gedichte über die Liebe

Die eindringlichen, ermutigenden Texte helfen, das Vertrauen in die Zukunft und den Glauben an die Liebe wieder zu gewinnen.

2. Aufl., 72 Seiten, 7 Farbfotos, Pappband, ISBN 3-7698-0646-8

Die Jahre wie die Wolken gehn

Getrost in den Lebensabend

Humorvolle und doch ernsthafte Verse in einem frischen Stil. Ein wertvolles Stück Lebenshilfe.

4. Aufl., 80 Seiten, Pappband, ISBN 3-7698-0572-0

Wie Blätter im Wind

60 kraftvolle, meditative Gedichte, die Hoffnung und Geborgenheit vermitteln.

3. Aufl., 80 Seiten, 6 Farbfotos, Pappband, ISBN 3-7698-0772-3

Vom Glück des Schenkens

70 Gedichte über die Kunst des Schenkens als humorvoll-nachdenkliche Anleitung. Ein Geschenk zu allen Anlässen.

2. Aufl., 80 Seiten, 6 Farbfotos, Pappband, ISBN 3-7698-0654-9

Dein ist der Tag

Ermutigung zum Leben

Elli Michler begleitet den Leser im Jahreslauf durch die Tage des Lichts und des Dunkels.

64 Seiten, 8 Farbfotos, Pappband, ISBN 3-7698-0705-7

Erinnerst du dich?

Begegnungen und Erfahrungen

Die wachgehaltene Erinnerung befähigt uns, die Vergangenheit zu verarbeiten, die Gegenwart besser zu bewältigen und die Zukunft sicherer zu gestalten.

64 Seiten, 8 Farbfotos, Pappband, ISBN 3-7698-0739-1